NOTICE

SUR LE

VÉNÉRABLE DE LA SALLE

Fondateur de l'Institut des Frères des Écoles chrétiennes

ET SUR LE

MONUMENT ÉRIGÉ EN SON HONNEUR

SUR LA PLACE SAINT-SEVER, A ROUEN

ROUEN

IMPRIMERIE MÉGARD ET Cⁱᵉ

Rue Saint-Hilaire, 136

1875

NOTICE

SUR LE

VÉNÉRABLE DE LA SALLE

Fondateur de l'Institut des Frères des Écoles chrétiennes

ET SUR LE

MONUMENT ÉRIGÉ EN SON HONNEUR

SUR LA PLACE SAINT-SEVER, A ROUEN

ROUEN

IMPRIMERIE MÉGARD ET Ce

Rue Saint-Hilaire, 136

1875

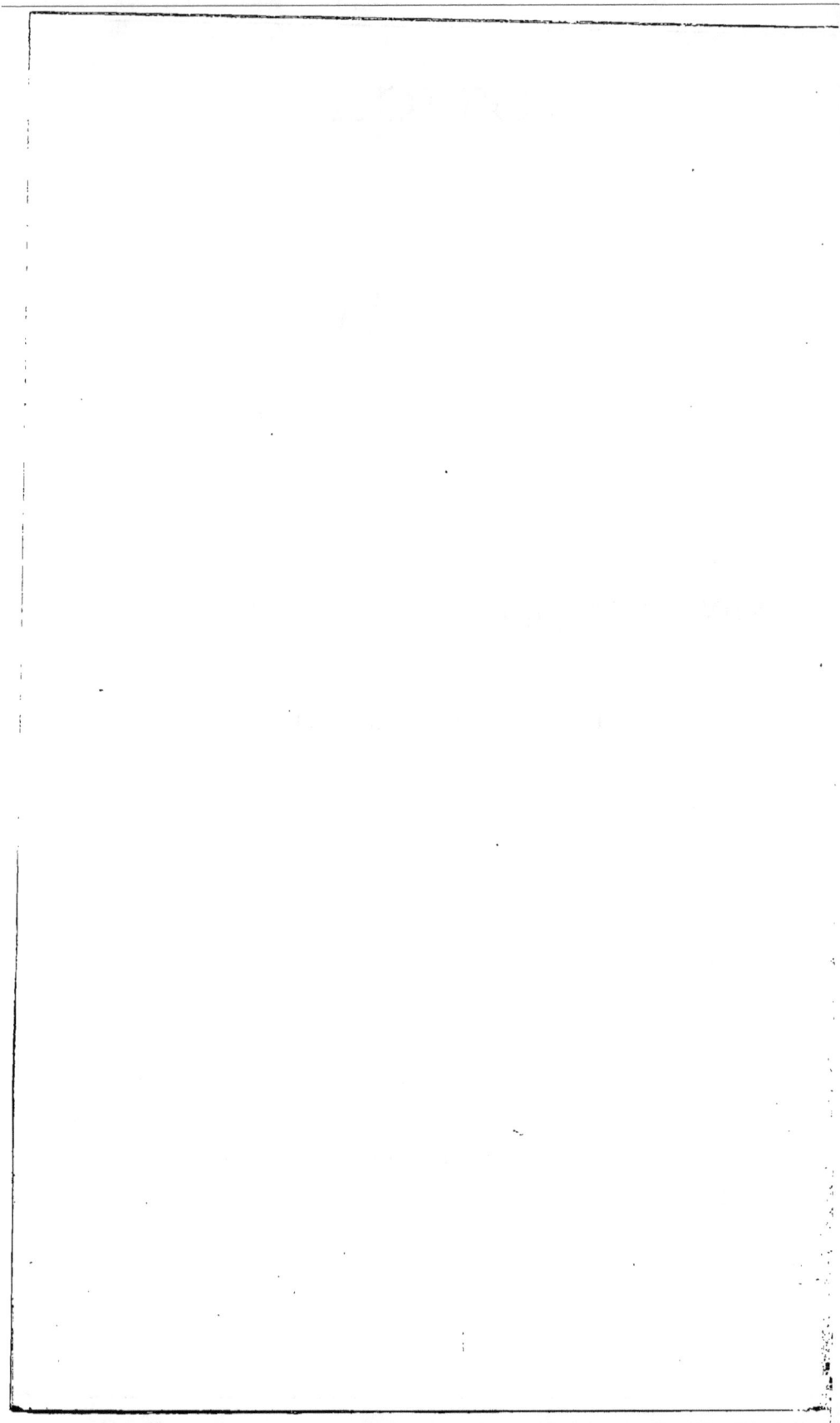

NOTICE

SUR LE

VÉNÉRABLE DE LA SALLE

Fondateur de l'Institut des Frères des Écoles chrétiennes

ET SUR

LE MONUMENT ÉRIGÉ EN SON HONNEUR

Sur la place Saint-Sever, à Rouen (1).

⁓⸙⁓

Le vénérable de la Salle est un beau type des hommes dont la renommée grandit à mesure que l'on favorise le libre épanouissement des œuvres dont ils ont doté la société. Son nom est devenu populaire. Il rappelle le souvenir d'un instituteur aussi généreux qu'intelligent et dévoué, d'un apôtre admirable par ses héroïques sacrifices en faveur de l'instruction de l'enfance. « Il est, dit Droz, le type du grand homme modeste. »

Né à Reims en 1651, le vénérable de la Salle fit ses premières études au collège de sa ville natale. Les espérances que son esprit distingué et ses vertus firent concevoir furent tellement grandes, que le chancelier de l'université de Reims se démit du canonicat en sa faveur. Le nouveau chanoine acheva ses études au séminaire de Saint-Sulpice, à Paris.

Après des examens qui fixèrent sur lui l'attention du public, il fut admis au grade de docteur en théologie.

Fils d'un noble magistrat, docteur en théologie, chanoine d'une ville célèbre, très-estimé dans la famille de Louvois, ministre de Louis XIV, possesseur d'une belle fortune, le vénérable de la Salle

---

(1) Cette Notice est extraite dela *Vie du vénérable J.-B de la Salle*, par un Frère des Écoles chrétiennes (Frère Lucard, directeur de l'École Normale de Rouen). L'auteur a consulté aussi les pièces relatives au monument érigé sur la place Saint-Sever.

pouvait aspirer aux plus grandes dignités. On lui offrit même un évêché.

Il renonça à toute idée d'avancement et de grandeur pour se vouer à l'éducation des enfants du peuple

Dans un temps de famine, il vendit ses propriétés, et distribua tout son bien aux enfants qui fréquentaient les petites écoles et à leurs parents pauvres. Ces malheureux le bénirent comme leur providence.

Le vénérable de la Salle songea ensuite à former des instituteurs pour les villes et les campagnes. Afin de n'être distrait en rien du but social qu'il poursuivait, il renonça à son canonicat. Il réunit ensuite chez lui des jeunes gens de bonne volonté; il vécut avec eux, et leur imposa des règlements qu'il suivit lui-même.

Après les avoir instruits et formés aux qualités pédagogiques des bons maîtres, il les plaça à la tête des écoles ouvertes, sous ses auspices, pour les enfants du peuple.

Entraînés par son zèle et gagnés par sa paternelle tendresse, quelques-uns ne voulurent plus le quitter. Il forma avec eux cet Institut des Frères qui a ouvert et tracé la voie où l'instruction primaire marche depuis deux siècles, et qui s'est montré si patriotique et si généreux envers nos soldats blessés ou malades pendant la dernière guerre; d'autres restèrent laïques; il créa en leur faveur des Ecoles Normales à Reims et à Paris. Ce sont les premiers établissements de ce genre qui ont paru en France.

Les élèves du vénérable de la Salle, frères et laïques, lui demeurèrent fidèles; ils travaillèrent de concert en poursuivant le même but : celui de propager le plus possible, parmi les enfants des classes laborieuses, l'instruction et l'éducation.

Dès ce moment, le vénérable de la Salle apparaît donc comme le bienfaiteur du peuple et le véritable ami de l'enfance : il est par excellence l'homme de l'abnégation et du dévouement.

Après avoir établi à Reims, à Laon, à Réthel, à Paris, plusieurs de ses écoles, il fut appelé avec quelques Frères dans l'antique capitale de la Normandie par Mgr Colbert, archevêque, et par Camus de Pontcarré, premier président du Parlement. Dans sa délibération du 31 mars 1705, l'administration de l'Hospice-Général déclara ces instituteurs *personnes consommées dans l'instruction de la jeunesse.*

Le vénérable de la Salle prit à Rouen la direction des écoles du Bureau, de Saint-Maclou, de Saint-Godard, de Saint-Vivien et de Saint-Eloi.

Il fonda ensuite, dans le quartier de Saint-Sever, le célèbre pensionnat de Saint-Yon, auquel il annexa une école gratuite en faveur des enfants de la paroisse. C'est dans cet établissement qu'il acheva de compléter et de perfectionner son œuvre (1).

L'ancien chanoine de Reims était alors dans toute la force de son génie organisateur et pratique. Moulins, Chartres, Calais, Boulogne, Avignon, Grenoble, Marseille, plusieurs autres villes importantes, sollicitèrent de ses écoles. Il se rendit lui-même dans ces localités et trouva le moyen d'y multiplier des écoles qui eurent la confiance des familles et furent aimées des enfants. Son désir de moraliser les classes laborieuses en les instruisant fut porté à un tel point, qu'il fit vœu, avec quelques-uns de ses disciples, de se condamner « à vivre de pain seulement et à demander l'aumône plutôt que d'abandonner ses écoles ! »

Une circonstance particulière prouva de quelle grande estime jouissait le vénérable de la Salle comme instituteur. Cinquante jeunes Irlandais vinrent rejoindre Jacques II, qui s'était réfugié en France. Le roi d'Angleterre pria Louis XIV de faire compléter leur éducation. Le cardinal de Noailles, archevêque de Paris, chargé de trouver un maître digne de remplir cette importante mission, désigna le vénérable de la Salle comme l'instituteur le plus expérimenté et le plus capable. Les cinquante Irlandais furent confiés à cet habile maître. Jacques II alla les visiter dans leur école et fit hautement l'éloge de la manière remarquable avec laquelle ils étaient instruits et dirigés.

Ce ne fut pas sans rencontrer de grandes difficultés que le vénérable de la Salle parvint à établir son œuvre. Des hommes qui auraient dû le soutenir et l'encourager lui suscitèrent partout des entraves. Il fut même traîné devant les tribunaux, parce qu'il voulait rompre avec la routine et faire entrer l'instruction primaire dans une voie de progrès sérieux. Grâce à sa prudence et à son énergie, cet homme de bien triompha de ses persécuteurs. Il élargit même depuis le domaine offert à ses disciples pour exercer leur zèle : « Vous avez, écrit-il à l'un d'eux, à Rome, quelques Français dans un hospice ; on les dit très-ignorants. Vous avez commencé à les instruire, continuez

_____

(1) Nous faisons des vœux pour que Saint-Yon soit rendu aux Frères, à la condition d'y établir un orphelinat pour la Seine-Inférieure.

à leur consacrer quelques moments après vos classes : vous ferez ainsi une œuvre de patriotisme et de charité. »

Le vénérable de la Salle n'est donc pas seulement le bienfaiteur du peuple par son abnégation et son héroïque charité. Les services que son génie pratique a rendus à l'instruction primaire lui ont acquis le même titre à notre reconnaissance

Le premier il a fondé un Institut exclusivement voué à l'enseignement.

Le premier il a créé en France des Ecoles Normales d'instituteurs laïques.

Le premier il a établi pour les ouvriers, sous le nom d'écoles dominicales, des cours publics et gratuits de lecture, d'écriture, d'arithmétique, de dessin, de comptabilité et d'architecture.

Le premier il a organisé l'enseignement primaire proprement dit.

Il a créé pour ses écoles la méthode simultanée mutuelle, que, malgré des efforts passionnés, personne encore n'a pu remplacer avantageusement, et à laquelle les écoles primaires de Paris ont dû revenir, après avoir pratiqué, sans succès, la méthode mutuelle.

Rien d'important n'a été ajouté à son programme d'enseignement pour les écoles primaires. En 1698, il enseignait déjà toutes les facultés portées dans le décret du 24 mars 1851.

Enfin le premier il a rendu en France les écoles primaires populaires, en les faisant aimer au point de réunir plusieurs centaines d'élèves dans un même local (1).

Cette affection pour l'école, le vénérable de la Salle sut l'inspirer au milieu des populations protestantes d'Alais comme aux catholiques de Reims, de Paris et de Rouen.

Quarante années de fatigues dans les écoles avaient usé la santé de ce grand homme de bien. Il retourna à sa chère maison de Saint-Yon, où il passa les dernières années de sa vie à perfectionner son œuvre et à s'occuper de l'éducation des enfants. Il fut aussi, par son amitié et ses conseils, d'un grand secours au chanoine Blain, que l'on peut regarder comme le fondateur des institutrices hospitalières d'Ernemont.

Le vénérable de la Salle mourut à Rouen en 1719.

---

(1) Voir pour les détails : *Vie du vénérable J.-B de la Salle*, par un Frère des Écoles chrétiennes. Cet ouvrage se vend : à Rouen, chez M. Fleury, libraire de l'Archevêché; à Paris, chez MM. Périsse, rue Saint-Sulpice, 38.

L'antique capitale de la Normandie se montra reconnaissante envers le bienfaiteur de ses enfants. Nous lisons dans les mémoires de l'époque que les funérailles du vénérable de la Salle furent un vrai triomphe décerné par la population rouennaise au mérite et à la vertu.

En 1734, son corps fut exhumé et transféré de l'église Saint-Sever à Saint-Yon. « Plus de trente mille personnes, dit une relation contemporaine, accompagnaient, précédaient ou suivaient le convoi triomphal de M. de la Salle. Les officiers de la cinquantaine et les arquebusiers furent distribués sur le parcours que devait suivre le cortége. » Depuis 1835, les restes vénérés du vénérable de la Salle sont déposés dans la chapelle de l'Ecole Normale de Rouen, rue Saint-Lô, où ils sont précieusement conservés.

Tel est l'homme pour lequel Droz, membre de l'Académie française, disait, il y a quarante ans : *Sa statue devrait être érigée par la France reconnaissante.*

La même pensée fut conçue par d'autres hommes honorables. L'un d'eux, M. Doudiet d'Austrive, chargé par le ministère de l'instruction publique d'enseigner la méthode de dessin de Mme Cavé aux Ecoles Normales et à plusieurs écoles primaires de Paris, avait eu plusieurs fois occasion d'apprécier le mérite des Frères comme instituteurs. Il assistait, quelques mois avant la dernière guerre, à une cérémonie religieuse dans la chapelle de l'Ecole Normale de Rouen, lorsqu'il se sentit pressé d'un invincible désir de travailler à l'érection d'un monument public en l'honneur de leur fondateur. Le Directeur de l'Ecole, auquel il communiqua ses impressions, l'engagea à ne rien entreprendre alors à cet égard : de grands nuages assombrissaient l'horizon. « Nul ne devait songer, dit-il, à détourner ses regards des périls qui menaçaient la France. »

En 1872, le projet du monument fut de nouveau mis en question. Le moment de le réaliser parut enfin opportun. De l'abîme où nous avaient plongés nos désastres, nous portions avec des sentiments de fierté et d'espérance nos regards vers un homme dont la mémoire est en bénédiction en Italie, aux Etats-Unis, au Canada, à l'Equateur, en Angleterre, en Belgique, presque autant que parmi nous. L'image du vénérable de la Salle témoignera de notre reconnaissance; elle sera aussi d'un grand enseignement; elle rappellera à tous cette vérité exprimée si bien par notre regretté docteur Morel : « L'instruction ne parviendra à régénérer la société qu'à la condition

« de la moraliser. En dehors de ce but suprême, qu'il s'agit d'at-
« teindre à tout prix par des efforts longs et persévérants, dussent
« plusieurs générations s'y consacrer, on chercherait en vain une
« panacée au mal social qui nous dévore. »

Une pétition fut donc rédigée pour solliciter l'autorisation d'ouvrir
une souscription publique pour l'érection du monument en l'honneur
du vénérable de la Salle.

L'un des premiers signataires de cette pétition fut notre com-
patriote M. Pouchet, membre de l'Institut.... « Quoique protestant,
dit-il, je la signerai de mes deux mains ; car si l'on élève des statues
à des soldats qui font tuer les hommes, à plus forte raison faut-il
rendre le même honneur aux bienfaiteurs qui apprennent à les con-
server Je ne me bornerai pas à vous donner ma signature, ajouta-
t-il aux promoteurs de l'œuvre, je veux fournir ma pierre au
monument. »

Plusieurs autres personnes des plus honorables, appartenant aux
diverses classes de la société, signèrent la même pétition ; ce sont :
M. de Beaurepaire, membre de l'Institut ; M. de Susanne, conservateur des eaux et forêts ; M. Boivin-Champeaux, conseiller à la Cour
d'appel ; M. Lemonnier, procureur de la République ; M. Ch. Legay,
vice-président du Tribunal de première instance ; M. Ducôté, conseiller de préfecture ; M. Rapp, membre du Conseil général ; M. Hu-
rault de Ligny, directeur de l'octroi ; M. P. Levasseur, médecin en
chef de l'Hôtel-Dieu ; M. Rondon, commandant en retraite ;
MM. Taillet, P. Allard et Vermont, avocats ; Napoléon Gallet,
président du Conseil des prud'hommes ; L. Malfilâtre, propriétaire ;
Casimir Bellest, négociant ; J. Demare, président du Cercle catho-
lique ; M. Doudiet d'Austrive, et F. Lucard, directeur de l'Ecole
Normale de Rouen.

Successivement approuvée par M. Lizot, préfet de la Seine-Inférieure, et par le Conseil municipal de Rouen, cette pétition fut pré-
sentée à M. Thiers, alors président de la République. Le chef du
gouvernement s'empressa d'autoriser une souscription publique pour
l'érection du monument désiré.

S. Em. Mgr de Bonnechose, Cardinal-Archevêque de Rouen,
organisa aussitôt le Comité de souscription et s'inscrivit le premier
sur la liste pour la somme de 500 fr.

Les membres du Comité sont : MM. Letendre de Tourville,
président ; M. Decorde, ancien adjoint, vice-président ; M. Robert,

chanoine; M. Vaucquier du Traversain, avocat; M. de Beaurepaire, archiviste, membre de l'Institut; M. l'abbé de Beauvoir, curé de Saint-Godard, secrétaire; F. Lucard, directeur de l'Ecole Normale de Rouen; M. de Susanne, ancien conservateur des eaux et forêts; M. P. Allard, avocat, et M. Doudiet d'Austrive; M. J. Le Picard, banquier, est trésorier.

Un concours fut ouvert pour la construction du monument. Tous les sculpteurs et les architectes furent libres d'y participer. Le Comité ne fit pas un appel direct à leur talent; mais il ne refusa aucun des projets qui lui furent présentés. Ces projets furent exposés dans la grande salle de l'Hôtel-de-Ville. Tous les journaux de la localité leur consacrèrent quelques articles sérieusements écrits. La foule des visiteurs fut très-grande. Les préférences du public et les suffrages du Comité se portèrent sur l'artiste éminent qui depuis s'est aussi placé au premier rang dans les concours pour la statue de Lamartine et pour celle de sainte Germaine de Pibrac.

« Le monument choisi, dit M. Alfred Darcel, se compose d'un groupe sur un support à quatre faces avec angles abattus, auxquels sont adossées quatre figures d'enfant. Quatre contreforts bas, divisant en quatre parties une vasque circulaire, supportent un dauphin.

« Le style adopté est un compromis entre le néo-grec et la renaissance; le premier s'accusant par quatre volutes qui forment une espèce de chapiteau, qui tient lieu de corniche au-dessous du groupe; la seconde, par l'ornementation feuillagée qui relie les dauphins avec le socle et par quelques autres détails.

« Le groupe est formé de la figure de l'abbé de la Salle, debout, un bras levé, d'un jeune enfant debout à son côté gauche, et d'un autre assis sur un escabeau et lisant, à son côté droit, au-dessous du bras levé. »

« Ce monument, écrit un autre critique, est simple, harmonieux, d'un goût sévère, sans emphase et sans vulgarité. La statue nous plaît de tout point. Ces deux enfants, l'un assis et lisant, qui reçoit l'instruction, l'autre debout et attentif, qui reçoit la direction, accompagnent bien le vénérable de la Salle, dont l'expression est noble et douce, le geste élevé vers le ciel, plein d'élan et de dignité. »

Son Eminence le Cardinal-Archevêque vit, à Paris, MM. Falguières et Deperthes; il leur annonça lui-même que leur beau projet allait être exécuté.

Néanmoins des doutes pouvaient encore surgir dans certains esprits, soit sur la matière à choisir pour la statue, soit sur l'ensemble du monument considéré au point de vue de l'art et des convenances.

Ces points, sur lesquels il y avait divergence dans les opinions, furent soumis par le Cardinal à l'examen de trois juges autorisés, MM. Guillaume, Dubois et Bonnassieux, membres de l'Institut. Leur réponse fut l'objet d'un mémoire que tous les trois signèrent. Ce mémoire confirme le jugement porté par l'opinion publique et par le Comité; il fait un grand éloge de l'œuvre de M. Falguières, et conclut à l'emploi du bronze pour la statue, à cause du climat de Rouen.

MM. Oliva, Vital Dubray, Cabuchet et Bogino, statuaires, qui avaient pris part au concours, reçurent chacun une *prime de mille francs*. Par une lettre qui fait le plus grand honneur à son noble caractère, M. Oliva abandonna généreusement la sienne au Comité de souscription en reconnaissance de l'éducation qu'il a reçue chez les Frères.

Restait la place à choisir.

Proposer pour un pareil monument des endroits éloignés et peu fréquentés aurait été se montrer inconséquent avec les précédentes délibérations du Conseil municipal et s'exposer à perdre, pour la ville, une œuvre très-remarquable, que d'autres localités nous envient.

La question était sérieuse. Avant de la résoudre, la municipalité prit le temps nécessaire pour l'étudier.

Nous laissons la parole à M. Vaucquier du Traversain, l'intelligent rapporteur de la Commission chargée de recueillir les renseignements nécessaires pour donner à cet égard une solution sage et bien motivée :

« Lorsque, par votre délibération du 28 août 1872, dit-il, vous accueilliez comme un juste hommage rendu à un bienfaiteur de l'humanité la proposition d'ouvrir une souscription destinée à ériger un monument au vénérable fondateur de l'Institut des Frères des Écoles chrétiennes, vous réserviez sagement la désignation de l'emplacement où ce monument serait élevé. Le rapport, adopté par vous, exprimait, en effet, la pensée que la solution de cette question dépendait de la nature et du caractère du monument que le résultat de la souscription permettrait d'édifier. Il faut, ajoutait-il, que l'emplacement soit approprié à l'œuvre artistique qui sera destinée à perpétuer le souvenir de Jean-Baptiste de la Salle. Rien, il est vrai, n'est plus désirable que l'érection de ce monument à Saint-Sever..... Mais cette pensée devait rester à l'état de vœu que l'avenir seul pouvait ratifier.

« Aujourd'hui, le Comité de souscription, organisé sous la présidence de Son Eminence le Cardinal-Archevêque, a achevé l'œuvre. Son appel a été entendu sans distinction par tous ceux qui savent apprécier les services rendus à l'enfance des classes laborieuses. Le monument prochainement élevé affirmera la reconnaissance de ce xixᵉ siècle, peut-être un peu trop sévèrement apprécié, pour le prêtre dont la vie fut, deux cents ans plus tôt, consacrée à cette noble mission. Il sera digne du fondateur dont il faut perpétuer le souvenir, et de la ville qui a été le berceau de son Institut ; le moment est venu de vous prononcer.

« Le monument adopté par le Comité a été choisi parmi les projets exposés par plusieurs artistes au concours desquels il avait été fait appel.

« C'est celui dont M. Falguières est l'auteur.

« Il doit surmonter une fontaine monumentale, sur l'une de nos places publiques, que le Comité vous demande de désigner.....

« M. le Maire a pris tous les renseignements de nature à convaincre votre Commission que la place Saint-Sever était propre à recevoir ce monument, sans que la viabilité fût entravée. La compagnie du chemin de fer d'Orléans, consultée, a donné des indications qui ne permettent pas de concevoir une crainte à ce sujet.

« Ces considérations qui ont entraîné l'opinion de votre Commission, vous porteront sans doute, Messieurs, à adopter le projet de délibération suivant :

« Le Comité de souscription du monument à élever en l'honneur de l'abbé de la Salle, fondateur de l'Institut des Frères des Ecoles chrétiennes, est autorisé à élever ce monument sur la place Saint-Sever, à Rouen. »

La délibération ajoute que le terrain occupé par le monument pourra contenir un espace circulaire de 25 mètres de diamètre au *maximum.*

Cette délibération du Conseil municipal fut approuvée par M. le Préfet de la Seine-Inférieure, le 29 décembre 1873.

Elle fut encore sanctionnée le 19 juin 1874 par une nouvelle délibération du Conseil municipal, qui vota une indemnité de 1,311 fr.

pour faire face aux frais du déplacement des baraques établies sur la place, trop près du terrain concédé pour le monument. Cette indemnité ne faisait qu'une partie de la somme nécessaire pour ce déplacement; mais le Comité de souscription prit, de son côté, l'engagement de contribuer à la dépense pour une somme de 2,000 fr., ce qui fut accepté par l'administration municipale et par le Conseil. M. Decorde, alors adjoint, fut chargé d'en remercier le Comité en leur nom.

L'emplacement et les dimensions du monument du vénérable de la Salle ne tardèrent pas à être connus dans les pays éloignés. Le vénérable F. Philippe vint à Rouen pour remercier les autorités locales qui avaient pris une part si bienveillante et si spontanée à l'œuvre entreprise en l'honneur du fondateur de l'Institut des Frères.

Bientôt après, et en exécution des délibérations du Conseil municipal, les travaux commencèrent sur le terrain concédé par la ville, sur la place Saint-Sever. L'architecte du monument, M. Deperthes, avait obtenu de la mairie tous les renseignements nécessaires, et le Comité s'était empressé de verser dans la caisse de la ville la somme de 2,000 fr. à laquelle avait été fixée sa part contributive dans les dépenses à faire pour déplacer les baraques de la place.

Les souscripteurs français et étrangers se réjouirent de cette mise en œuvre du projet adopté.

Après quelques jours d'une interruption forcée par les gelées de 1874 et par les soins apportés par les sculpteurs à leur travail, l'érection du monument fut reprise avec activité au mois de janvier dernier.

Certains hommes qui depuis le 12 décembre 1873, date de la délibération qui avait fixé l'emplacement du monument, avaient gardé le silence sur cette délibération, conçurent l'idée de profiter du changement de la municipalité pour faire transporter l'œuvre de M. Falguières à Saint-Clément ou à quelque autre extrémité peu fréquentée de la ville. Ils firent rédiger dans ce sens de tardives pétitions qui émurent le quartier Saint-Sever. D'autres pétitions en sens contraire furent immédiatement couvertes des signatures les plus honorables. On s'étonna de voir des habitants de Saint-Sever méconnaître leurs intérêts au point de solliciter le déplacement d'un monument destiné à transformer leur principale place et à lui faire donner le caractère de grandeur et d'utilité dont elle a été déshéritée jusqu'à nos jours.

Le nouveau Conseil municipal voulut donner une prompte solution à cette importante affaire. Dans sa séance du 30 janvier il la soumit à l'examen d'une commission composée de MM. Desseaux, Hardy, Duperrey, Durand, Duvivier, Le Plé, Chouillou et Barthélemy.

Ces Messieurs se transportèrent eux-mêmes sur la place Saint-Sever. M. Barrabé, adjoint, les accompagnait. Ils furent unanimes à reconnaître que le monument devait être laissé sur l'emplacement qu'il occupe. Le Conseil municipal adopta aussi, à l'unanimité, la même opinion. Saint-Sever conservera ainsi un monument que viendront souvent admirer ceux qui parmi nous ou à l'étranger portent à l'éducation du peuple un amour sincère et désintéressé.

Aujourd'hui, l'œuvre est enfin achevée. Au point de vue du fini de l'exécution comme sous le rapport de l'harmonie des détails et de la beauté de l'ensemble, le Comité voulait un monument digne tout à la fois de l'antique capitale de la Normandie et de l'homme éminent qui fut le plus grand bienfaiteur des enfants du peuple. Son but est atteint. L'œuvre de MM. Falguières et Deperthes ne mérite que nos éloges. Les pierres de la vasque et du piédestal viennent de Damparis (Jura); celles des enfants et des dauphins ont été prises à Echaillon, près Voreppe (Isère). Toute la sculpture ornementale du monument a été exécutée par M. Eugène Legrain. Il a également sculpté en pierre blanche d'Echaillon les quatre enfants du piédestal d'après les modèles de M. Falguières. L'enfant européen tient un compas à la main ; il représente la science ; l'Américain, l'écriture ; l'Africain, la lecture ; et l'Asiatique, la prière. M. Oudry, directeur de l'usine électro-métallurgique d'Auteuil, a reproduit en bronze galvanoplastique les bas-reliefs de M. Falguières. Le groupe de la statue du vénérable de la Salle a été fondu par M. Thiébaut.

Le Comité avait compté sur une dépense de 120,000 fr. ; mais des frais imprévus l'ont élevée à la somme de 140,000 fr. environ. Nous ne comptons pas dans cette dépense les frais de l'inauguration.

Des offrandes ont été recueillies en France, en Angleterre, aux Etats-Unis, au Canada, à l'Equateur, aux Indes, en Belgique, en Italie.

Ce ne sont pas seulement les catholiques qui ont souscrit ; plusieurs protestants, tels que MM. Pouchet, Butler, Cohn, Hunter, Clark, Reid, Hughes ; l'israélite Moyse-dab-Thabet ; des mahométans, tels que le prince Mustapha-Pacha, M. Ahmet-Bou-Kandoura, conseillers généraux d'Alger, ont tenu aussi, en cette occurrence, à témoigner de leur admiration pour le vénérable de la Salle.

M. Nétien, maire de Rouen, a reçu, à Versailles, les souscriptions de tous ses collègues du département à l'Assemblée nationale.

Le Conseil général de la Seine-Inférieure, le Conseil municipal de Rouen, et d'autres municipalités étrangères à cette ville, telles que celles de Bayonne, d'Elbeuf, de Nîmes, de Rodez, ont participé, par leurs offrandes, à la même œuvre. Nous voyons aussi figurer parmi les souscripteurs le Chapitre de la Métropole de Rouen, plusieurs associations scientifiques ou de bienfaisance, un grand nombre d'établissements d'instruction, la Ligue d'enseignement, de nombreux instituteurs et surtout d'anciens élèves des Frères pris dans les conditions les plus humbles comme dans les positions sociales les plus élevées.

Nous ne pouvons ici rappeler toutes les souscriptions personnelles. Les noms appartenant aux familles les plus honorables de Rouen et de Normandie figurent sur la même liste, à côté de ceux d'une foule de propriétaires, d'industriels, de commerçants, d'ouvriers, dont plusieurs accompagnent leur cotisation de l'expression d'un sentiment de noble reconnaissance.

A Marseille, en demandant deux sous aux souscripteurs, on a atteint la somme de 8,000 fr. Plusieurs autres villes de France, Alger, Londres, New-York, Saint-Louis, Philadelphie, Québec et Montréal, ont aussi fait preuve d'une grande générosité.

L'hommage public rendu à Rouen au vénérable de la Salle n'a donc rencontré en France et à l'étranger que des sympathies. N'en soyons pas surpris. « Cet hommage, dit l'évêque de Marseille, est avant tout un témoignage de reconnaissance; il ne saurait, par conséquent, blesser aucun parti honnête; car, grâce à Dieu, l'injustice et l'ingratitude ne seront jamais populaires en France. »

« Le vénérable de la Salle, ajouterons-nous avec un orateur, s'offre à nous sur le seuil du xviiie siècle avec ce long cortège d'ignorants qu'il a instruits, de générations qu'il a élevées, d'ouvriers qu'il a éclairés. »

C'est dans une des villes qui lui doivent le plus de reconnaissance et sur une des places les plus fréquentées que sa statue sera élevée. Du haut du piédestal où nous aimerons à l'admirer, « il nous redira encore à tous d'une voix infatigable : *Aimez le peuple et ses enfants.* »

PROGRAMME

L'INAUGURATION DU MONUMENT.

La cérémonie de l'inauguration du monument du vénérable de la Salle reste fixée au mercredi 2 juin.

Le matin, à neuf heures et demie, une Messe, à laquelle assisteront S. Em. le Cardinal-Archevêque de Rouen et NN. SS. les Evêques invités à la cérémonie, sera célébrée à la Métropole.

Pendant cette Messe, des chants seront exécutés par la Maîtrise, avec le concours de la Société Philharmonique, de l'Ecole Normale et de plusieurs artistes de Paris.

Après la Messe, M. l'abbé Besson, chanoine de Besançon, prononcera le panégyrique du Vénérable, en présence de Monseigneur le Cardinal et de NN. SS. les Evêques.

La cantate de M. Ch. Gounod, accompagnée par la musique du 28e de ligne, terminera cette première partie de la fête.

Comme le vénérable de la Salle fut inhumé, en 1719, dans l'église Saint-Sever, cette église a été choisie pour le lieu de réunion de tout le clergé. Les laïques qui devront faire partie du cortége se réuniront sur la place de l'église.

A deux heures et demie, le cortége se mettra en marche. Il sera divisé en deux parties. La première, précédée par des chasseurs à cheval et par la musique du 24e de ligne, se composera des délégués des écoles de Rouen, des autres villes et de l'étranger. La musique de l'établissement de Saint-Nicolas marchera en tête des délégués de Paris; puis viendront les associations de bienfaisance, les comités catholiques, les cercles d'ouvriers avec leurs bannières ou oriflammes, etc.

La deuxième partie, précédée par la musique municipale, se composera de la Maîtrise, des élèves du grand Séminaire, de tous les ecclésiastiques qui voudront se joindre en habit de chœur au clergé et au Chapitre de la Cathédrale. Viendront ensuite NN. SS. Bataille, évêque d'Amiens ; Duquesnay, évêque de Limoges ; d'Outremont, évêque du Mans ; Grolleau, évêque d'Evreux ; Hugonin, évêque de Bayeux ; Bravard, évêque de Coutances ; de Marguerye, ancien évêque d'Autun ; Rousselet, évêque de Séez ; Gignoux, évêque de Beauvais ; S. Exc. Mgr Langénieux, archevêque de Reims ; S. Em. Mgr le Cardinal de Bonnechose, archevêque de Rouen.

Le cortége suivra la rue Saint-Sever jusqu'au monument, où chacun devra occuper la place qui lui sera assignée.

Discours de M. Letendre de Tourville, président du Comité, de M. le Maire et de M. le Préfet.

Puis, aux sons de la musique du 24e de ligne, on enlèvera le voile qui couvre la statue. Ensuite, chant de la cantate de M. Gounod par la Maîtrise, la Société Philharmonique, l'Ecole Normale, deux cents chanteurs de Paris et de Beauvais, avec accompagnement de la musique du 28e — Discours de S. Em. Monseigneur le Cardinal-Archevêque. — Chant en l'honneur du Vénérable. — Bénédiction de la fontaine. — Morceau joué par la musique municipale.

Bénédiction de l'Assemblée par Son Eminence et par tous les Prélats, qui reviendront en procession à la Métropole par le quai Saint-Sever, le Pont-de-Pierre, la rue de la République, la rue des Bonnetiers et le parvis Notre-Dame.

ROUEN. Imp. MÉGARD et C*, rue Saint-Hilaire, 136.

120

www.ingramcontent.com/pod-product-compliance
Lightning Source LLC
Chambersburg PA
CBHW061811040426

42447CB00011B/2602